Autor:
Giulio Russo
www.giuliorusso.com

1

Introducción

Bienvenido al mejor libro dedicado al arte de la venta, una guía basada en la experiencia de un vendedor con una década de experiencia en el sector: Giulio Russo. Estas páginas representan una concentración de conocimientos y habilidades adquiridas a lo largo de los años, un viaje a través de los principales aspectos que caracterizan el mundo de las ventas.

La venta es una de las actividades más dinámicas y desafiantes, pero también gratificantes, que se pueden emprender. Es un mundo en el cual la habilidad de comunicar, persuadir y comprender al cliente juega un papel central. Pero no es solo una cuestión de palabras o de saber argumentar; la venta involucra también la capacidad de crear relaciones auténticas, de transmitir confianza y de respetar los estándares éticos más elevados.

Este libro es el resultado de años de experiencia en el campo y de aprendizaje constante. Exploraremos juntos los temas fundamentales de la venta resumidos de manera simple y comprensible para todos, como:

Palabras a Evitar: Aprenderemos a reconocer las palabras que pueden comprometer la venta y a sustituirlas con un lenguaje más eficaz.

La Importancia del Lenguaje Positivo: Descubriremos cómo el lenguaje positivo puede influir positivamente en la actitud del cliente y aumentar las posibilidades de éxito.

Empatía y Conectividad: Veremos cómo desarrollar la empatía y utilizar palabras que demuestren comprensión e interés genuino por el cliente.

Persuasión en los Mensajes de Venta: Exploraremos el arte de usar palabras persuasivas para crear urgencia y aumentar la atractividad de la oferta.

Gestión de las Objeciones: Aprenderemos a manejar las objeciones con confianza, utilizando palabras que transmitan competencia y respeto.

Puntualidad y Fiabilidad: Reconoceremos la importancia de ser puntuales y fiables al mantener las promesas hechas a los clientes.

Personalización del Producto o Servicio: Descubriremos cómo personalizar lo que ofrecemos para satisfacer mejor las necesidades de los clientes.

La Importancia de Evitar Bromas Inapropiadas: Exploraremos la ética y el profesionalismo en la interacción con los clientes, evitando chistes ofensivos o inapropiados.

Aspecto Externo y Primera Impresión: Concluiremos con la importancia del aspecto físico, del vestuario adecuado y de los accesorios en tu presentación personal.

En este libro, encontraréis ejemplos prácticos, sugerencias y estrategias que os ayudarán a mejorar vuestras habilidades de venta y a construir relaciones de confianza con los clientes. Mi objetivo es proporcionaros una herramienta útil y práctica para sobresalir en el campo de las ventas.

Espero que esta lectura os sea de gran beneficio y que pueda inspiraros a alcanzar el éxito en este mundo.
¡Buena lectura y buenas ventas!

Capítulo 1 - Palabras Negativas a Evitar

En el delicado mundo de la venta, las palabras pueden ser como flechas que aciertan en el blanco o como bumeranes que vuelven contra ti. Evitar el uso de palabras negativas es fundamental para mantener una conexión positiva con el cliente y asegurar el éxito de la negociación.

Primero, excluye de tu vocabulario palabras como "problema". Esta palabra puede generar ansiedad y resistencia en los clientes, empujándolos a percibir tu producto o servicio como una fuente de inconvenientes en lugar de soluciones. En su lugar, reemplaza "problema" con "desafío", transformando un obstáculo en una oportunidad de crecimiento.

Otro término a evitar es "defecto". El uso de esta palabra puede debilitar la percepción del cliente sobre tu producto o servicio. En cambio, utiliza expresiones como "característica a mejorar" para enfatizar la posibilidad de realizar mejoras y demostrar tu apertura al perfeccionamiento continuo.

Evita también la palabra "fracaso". Su presencia puede desencadenar el miedo en el usuario, cuestionando la fiabilidad de tu producto o servicio. Opta por "lección aprendida" para transmitir la voluntad de aprender de los errores pasados y mejorar constantemente.

Igualmente, sé cauteloso en el uso de palabras como "insostenible" o "imposible". Estas palabras pueden sugerir limitaciones y desanimar al cliente. En lugar de declarar que algo es imposible, usa términos como "desafiante" o "requiere esfuerzo" para resaltar la oportunidad de superar obstáculos con dedicación y esfuerzo.

Evita también términos como "costoso". Esta palabra podría hacer que el cliente perciba el precio como una carga en lugar de una inversión. Sustitúyela por "inversión" para subrayar el valor a largo plazo del producto o servicio que estás presentando.

El término "complicado". Esta palabra puede generar temores en la mente del cliente, haciéndole percibir tu producto o servicio como excesivamente difícil de comprender o utilizar. Reemplaza "complicado" por "simple" para transmitir la idea de que tu producto es intuitivo y fácilmente accesible.

El uso de "exigente". Esta palabra puede hacer que el cliente se sienta sobrecargado o estresado. En su lugar, utiliza "estimulante" para indicar que la experiencia con tu producto o servicio será estimulante y gratificante.

Sé cuidadoso en el uso de "limitado". En algunos casos esta palabra puede generar ansiedad en el cliente, haciéndole pensar que va a perder una oportunidad única. En lugar de "limitado", utiliza expresiones como "exclusivo" o "oferta especial" para crear un sentido de valor sin generar prisas indeseadas.

Evita el uso de "obligatorio". Esta palabra puede hacer que el cliente se sienta forzado o bajo presión. Opta por "recomendado" o "aconsejable" para sugerir una acción sin ejercer demasiada presión.

Conclusión:

Recuerda que el lenguaje negativo puede influir notablemente en la percepción del cliente, afectando su decisión de compra. Navegar con cuidado a través del mar de palabras es esencial para crear una experiencia de venta positiva y duradera. Sé consciente de las palabras que usas y transforma la manera en que comunicas para construir conexiones más fuertes y lograr éxito en tus ventas. La próxima página se centrará en más palabras a evitar y proporcionará estrategias para un lenguaje ganador.

Capítulo 2 - La Importancia del Lenguaje Positivo

El lenguaje que adoptamos durante una negociación de venta es como un pincel que pinta la imagen de nuestra oferta en la mente del cliente. En este contexto, el uso de un lenguaje positivo es fundamental y puede marcar la diferencia entre una venta exitosa y un cliente que se aleja. Exploramos la importancia del lenguaje positivo en la venta y cómo puede influir positivamente en la experiencia global del cliente.

Primero, el lenguaje positivo crea un ambiente acogedor y favorable. Cuando un vendedor utiliza palabras y frases positivas, se crea una atmósfera que pone al cliente a gusto. Por ejemplo, en lugar de decir "No se preocupe, no tendrá problemas con nuestro producto", el vendedor podría optar por "Se sorprenderá de lo fácil que nuestro producto se integra en su día a día". Esta pequeña variación transmite confianza y optimismo.

Además, el lenguaje positivo ayuda a crear un vínculo emocional entre el vendedor y el cliente. La empatía es fundamental en la venta, y las palabras positivas pueden contribuir a establecer una conexión más profunda. Por ejemplo, un vendedor podría decir "Entiendo cuán importante es para usted encontrar la solución adecuada", demostrando una comprensión empática de las necesidades del cliente.

El lenguaje positivo también tiene el poder de transformar las objeciones en oportunidades. Cuando un cliente expresa una preocupación o duda, un vendedor que utiliza un lenguaje positivo puede abordar la situación de manera constructiva. En lugar de responder con una defensa, podría decir "Aprecio su atención al detalle. Quiero asegurarle que estamos aquí para resolver cualquier inquietud que pueda tener". Esta respuesta no solo aborda la objeción, sino que también refuerza la confianza del cliente en el proceso.

Otro aspecto importante es que el lenguaje positivo puede influir en la percepción del valor. Utilizando palabras como "ventaja", "éxito" y "solución", el vendedor puede comunicar efectivamente los beneficios del producto o servicio. Por ejemplo, en lugar de decir "Este producto es menos costoso que otros", el vendedor podría afirmar "Este producto ofrece una increíble relación calidad-precio".

Un ejemplo práctico de la importancia del lenguaje positivo se puede observar en la venta de productos tecnológicos. En lugar de enfatizar las carencias de un dispositivo, un vendedor podría centrarse en sus puntos fuertes y en las experiencias positivas que puede ofrecer al cliente. Este enfoque no solo incita al cliente a considerar positivamente el producto, sino que también crea un impacto duradero en la percepción de la marca.

Conclusión:

El lenguaje positivo es un poderoso aliado en el kit de herramientas de cada vendedor. La elección cuidadosa de las palabras puede transformar una interacción de una transacción ordinaria a una experiencia memorable. La próxima vez que te encuentres en la sala de ventas, recuerda el poder de las palabras y cómo un enfoque positivo puede abrir puertas que de otro modo permanecerían cerradas.

Capítulo 3 - Sintonizándose con el Cliente

En las ventas, la capacidad de sintonizarse con el cliente surge como uno de los factores críticos que separan a los vendedores promedio de los extraordinarios. Este capítulo explora la importancia de esta sintonización y proporciona estrategias prácticas para crear conexiones significativas con los clientes.

La Importancia de Sintonizarse con el Cliente:

Sintonizarse con el cliente va mucho más allá de la simple comunicación; es el proceso de comprender profundamente las necesidades, deseos e incluso los miedos del cliente. Cuando un vendedor está verdaderamente sintonizado, puede adaptar su presentación de manera específica, creando una experiencia personalizada que resuena con el cliente.

Un cliente se sentirá más inclinado a hacer negocios con alguien que demuestra un interés auténtico en él o ella. La sintonización con el cliente es una señal de respeto y atención, elementos clave para construir relaciones duraderas. Esto crea un terreno fértil para la confianza mutua, que es la base de toda transacción exitosa.

Cómo Sintonizarse con el Cliente:

1. Escucha Activa:
Una forma fundamental de sintonizarse con el cliente es practicar la escucha activa. No te limites a oír las palabras del cliente, sino trata de comprender el significado subyacente. Proporciona retroalimentación, repitiendo o parafraseando lo que el cliente ha dicho, demostrando así que has captado realmente el mensaje.

Ejemplo: Si un cliente expresa preocupaciones sobre la duración de la batería de un producto, responde con empatía: "Entiendo lo importante que es para usted tener un producto con una batería confiable. Puedo asegurarle que nuestro producto ha sido diseñado para ofrecer un rendimiento óptimo en términos de duración de batería."

2. Haz Preguntas Abiertas:

Utiliza preguntas abiertas para animar al cliente a compartir más detalles sobre su situación y necesidades. Esto no solo proporciona información valiosa, sino que también demuestra que estás intentando comprender completamente su perspectiva.

Ejemplo: En lugar de preguntar "¿Necesita algo en particular?", prueba con "¿Puedo preguntarle cuáles son sus principales prioridades en este momento? De esta manera, puedo recomendarle el producto más adecuado para sus necesidades."

3. Observa las Señales No Verbales:

La comunicación no verbal es tan importante como las palabras mismas. Observa el lenguaje corporal, los gestos y las expresiones faciales del cliente para captar matices de significado que quizás no se expresen verbalmente.

Ejemplo: Si un cliente parece titubear al hablar de un cierto producto, podrías preguntar de manera delicada: "He notado que parece tener algunas dudas. ¿Puedo ayudarle a aclarar alguna preocupación?"

4. Adapta Tu Lenguaje:

Sintonizarse con el cliente también requiere la capacidad de adaptar tu propio lenguaje. Utiliza el vocabulario y el estilo de comunicación que resuenen mejor con el cliente, evitando el uso de términos técnicos o excesivamente formales si no refleja su preferencia.

Ejemplo: Si tratas con un cliente que muestra un enfoque más informal, podrías decir: "Me gustaría conocer mejor sus necesidades y encontrar la solución perfecta para usted. ¿Qué podemos hacer juntos para hacer este proceso más fácil y satisfactorio para usted?"

Ejemplos Prácticos de Sintonización con el Cliente:

1. Escena 1: Venta de Electrónica
Un cliente entra en una tienda de electrónica y menciona que está interesado en un nuevo portátil para el trabajo. El vendedor podría sintonizarse preguntando: "Entiendo que está buscando un portátil para uso laboral. ¿Puedo preguntarle cuáles son las especificaciones que considera más cruciales para su trabajo?"

2. Escena 2: Venta de Ropa
En una tienda de ropa, una cliente está buscando un vestido para una ocasión especial. El vendedor podría demostrar sintonización diciendo: "Es emocionante encontrar el vestido perfecto para una ocasión especial. ¿Puedo ayudarla a encontrar algo que la haga sentir increíble para ese día importante?"

Conclusión:

La sintonización con el cliente es un proceso dinámico que requiere práctica constante. Es una inversión que se paga en relaciones más fuertes, clientes más satisfechos y, finalmente, en éxito en el mundo de las ventas. En la próxima página, exploraremos más estrategias para perfeccionar esta habilidad y crear conexiones duraderas.

Capítulo 4 - Personalización del Mensaje, Poniendo al Cliente en el Centro de la Atención

En el complejo universo de las ventas, la capacidad de personalizar el mensaje es una de las claves del éxito. El capítulo 4 de nuestra guía se centra en este aspecto fundamental, destacando la importancia de evitar discursos genéricos y de crear un mensaje a medida para las necesidades específicas de cada cliente.

La Importancia de la Personalización del Mensaje:

Imagina entrar en una tienda buscando un par de zapatos. Un vendedor se acerca y comienza a hablarte de las características técnicas de una amplia gama de zapatos sin siquiera preguntar cuál es tu estilo preferido o tu talla. ¿Qué tan probable sería que realizaras una compra en ese contexto? La personalización del mensaje es la clave para evitar esta situación y para crear una experiencia de compra significativa.

Cuando un mensaje es personalizado, el cliente se siente reconocido, escuchado e importante. Al evitar discursos genéricos, el vendedor demuestra un compromiso real con las necesidades del cliente, creando un terreno fértil para la confianza y la lealtad.

Cómo Personalizar el Mensaje:

1. Recopila Información:
La personalización comienza con la recopilación de información. Utiliza datos anteriores, análisis del comportamiento del cliente e información recogida durante la interacción para comprender mejor las necesidades y preferencias del cliente.

Ejemplo: Un vendedor en línea que ha notado que un cliente ha comprado principalmente productos para el cuidado de la piel podría personalizar el mensaje ofreciendo sugerencias sobre nuevos productos acordes con su elección de compra anterior.

2. Usa el Nombre del Cliente:

Una manera simple pero efectiva de personalizar un mensaje es el uso del nombre del cliente. Referirse al cliente por su nombre crea inmediatamente un sentido de conexión personal.

Ejemplo: "Hola [Nombre], gracias por volver a nuestra tienda. Hemos notado que ha disfrutado de nuestras ofertas de productos para el hogar. ¿Puedo ayudarle a encontrar algo específico hoy?"

3. Adapta el Lenguaje:

Adapta el tono y el lenguaje de tu mensaje al cliente. Si estás tratando con un cliente que prefiere un enfoque más formal, utiliza un lenguaje apropiado. Si, por otro lado, el cliente muestra un enfoque más informal, adapta tu estilo de comunicación en consecuencia.

Ejemplo: "Estamos emocionados de ayudarte a encontrar el producto perfecto para ti" vs "Estamos aquí para asistirte en la búsqueda del producto que mejor se adapte a tus necesidades. ¿Cómo puedo ayudarte hoy?"

4. Conecta el Producto con las Necesidades del Cliente:

Conecta los beneficios del producto o servicio con las necesidades específicas del cliente. Muestra cómo lo que estás ofreciendo satisface directamente sus necesidades o resuelve un problema que puedan tener.

Ejemplo: "Nuestra gama de productos para el hogar está

diseñada para hacer tu vida más cómoda y organizada. Has mencionado que estabas buscando soluciones para optimizar el espacio. Tenemos algunos productos que podrían interesarte."

Ejemplos Prácticos de Personalización del Mensaje:

1. Escena 1: Venta de Ropa Online
Un sitio de ropa online, tras la compra de una chaqueta invernal por parte de un cliente, podría enviar un correo electrónico personalizado con sugerencias sobre accesorios u otras prendas que combinen bien con la chaqueta adquirida.

2. Escena 2: Venta de Productos de Belleza
Un minorista de productos de belleza que ha notado que un cliente compra regularmente productos para el cuidado del cabello, podría sugerir nuevos lanzamientos u ofertas especiales en marcas preferidas del cliente a través de mensajes personalizados.

Conclusión:

La personalización del mensaje es una estrategia poderosa para construir relaciones significativas con los clientes. Cuando un cliente percibe que el vendedor está invirtiendo tiempo y energía para comprender sus necesidades específicas, es más propenso a confiar y a continuar haciendo negocios con ese vendedor. En la próxima página, exploraremos más estrategias para afinar tu capacidad de personalización y para asegurar que cada cliente se sienta verdaderamente en el centro de la atención.

Capítulo 5 - Empatía y Conectividad, Construyendo Relaciones Basadas en la Comprensión Auténtica

La empatía emerge como una de las herramientas más poderosas para construir conexiones significativas con los clientes. Aquí nos dedicamos a explorar la importancia de desarrollar la empatía y la conectividad durante las interacciones con los clientes, destacando el uso de palabras que demuestran comprensión e interés genuino.

La Importancia de la Empatía y la Conectividad:

La empatía significa comprender y compartir los sentimientos de los demás. Cuando se aplica a la venta, la empatía va más allá de la mera comprensión de las necesidades del cliente; se trata de reconocer y responder a las emociones del cliente de manera auténtica. Construir conectividad a través de la empatía crea un vínculo emocional que va más allá de la transacción comercial, contribuyendo a establecer relaciones duraderas y lealtad del cliente.

Cuando un cliente se siente verdaderamente comprendido y apoyado, su confianza en el vendedor aumenta significativamente. La empatía juega un papel clave en hacer esta experiencia auténtica. Usar palabras que demuestran comprensión no solo crea un ambiente cómodo para el cliente, sino que también muestra al cliente que el vendedor se preocupa por su bienestar, yendo más allá de la simple venta de un producto o servicio.

Cómo Desarrollar la Empatía y la Conectividad:

1. Escucha Activa:

La escucha activa es la piedra angular de la empatía. Cuando el vendedor demuestra que está escuchando atentamente, el cliente se siente valorado. Repite o parafrasea lo que el cliente dice para confirmar que has entendido y para mostrar que estás prestando atención.

Ejemplo: Si un cliente expresa frustración por un problema, el vendedor podría responder con empatía: "Puedo imaginar lo frustrante que debe ser. Yo también estaría frustrado en tu situación. ¿Cómo puedo ayudarte a resolver este problema?"

2. Usa Frases de Empatía:

El uso de frases explícitas de empatía es crucial. Palabras como "Puedo entender cómo te sientes" o "Lamento que estés pasando por esta situación" muestran al cliente que el vendedor no solo comprende sus emociones, sino que se preocupa sinceramente por su bienestar.

Ejemplo: Si un cliente cuenta una experiencia negativa con un producto, el vendedor podría responder con empatía: "Lamento escuchar que has tenido esta experiencia. Puedo entender lo frustrante que es. Quiero encontrar una solución que te haga sentir satisfecho."

3. Comparte Experiencias Relacionadas:

Si es apropiado, compartir experiencias personales relacionadas puede fortalecer la empatía. Sin embargo, es importante hacerlo con tacto y sin quitarle protagonismo al cliente. Esto crea un sentido de conexión y demuestra que el vendedor es humano, no solo un profesional de ventas.

Ejemplo: Si un cliente habla de un desafío familiar, el vendedor podría responder: "Yo también he pasado por una situación similar. Sé lo desafiante que puede ser. ¿Qué puedo hacer para ayudarte a superar este desafío?"

4. Exprésate con Autenticidad:

La empatía auténtica no puede ser simulada. Es esencial que el vendedor exprese genuinamente preocupación y comprensión. Las palabras deben estar respaldadas por autenticidad y empatía verdadera.

Ejemplo: Si un cliente expresa preocupación por un problema personal, el vendedor podría decir: "Lamento que estés enfrentando este momento difícil. Quiero asegurarte que estoy aquí para apoyarte de cualquier manera que pueda."

Ejemplos Prácticos de Empatía y Conectividad:

1. Escena 1: Venta de Asistencia Técnica:
Un cliente llama al servicio al cliente para resolver un problema técnico. El representante podría responder con empatía: "Lamento que estés enfrentando este problema. Puedo entender lo frustrante que puede ser. Trabajaremos juntos para resolverlo."

2. Escena 2: Venta de Bienes de Lujo:
Un cliente visita una tienda de bienes de lujo y menciona sentirse abrumado por las opciones. El vendedor podría responder con empatía: "

Puedo entender cómo la amplia gama de opciones puede ser un poco abrumadora. Quiero hacer esta experiencia de compra lo más agradable posible. ¿Hay algo específico que estés buscando hoy?"

Conclusión:

La empatía y la conectividad son las claves para construir relaciones significativas en el mundo de las ventas. Cuando un cliente percibe que el vendedor está auténticamente interesado en su bienestar y comprende sus emociones, la conexión se profundiza, dando al cliente una sensación de confianza.

Capítulo 6 - Palabras Persuasivas, Guía al Arte de la Persuasión en los Mensajes de Venta

En este capítulo nos sumergimos en el fascinante mundo de las palabras persuasivas, explorando el uso de términos como "exclusivo", "limitado" y "beneficio inmediato". Estas palabras no solo capturan la atención del cliente, sino que también crean un sentido de urgencia, aumentando la atractividad de la oferta. Descubriremos la importancia de estas palabras en el contexto de las ventas y cómo personalizar el mensaje para hacerlo auténticamente persuasivo.

La Importancia de las Palabras Persuasivas:

Las palabras tienen el poder de evocar emociones, crear deseo y estimular la acción. En las ventas, el uso de palabras persuasivas es uno de los elementos principales para impulsar al cliente más allá de la mera consideración e inducirlo a actuar. Estas palabras no solo comunican los beneficios del producto o servicio, sino que también crean un sentido de urgencia, sugiriendo al cliente que la oportunidad podría ser limitada o exclusiva.

El arte de la persuasión no se trata solo de convencer al cliente para que compre, sino también de hacerlo de manera que se sienta feliz y satisfecho con su decisión. Las palabras persuasivas son como pequeños encantamientos que canalizan el poder de las emociones del cliente en la dirección deseada.

Cómo Utilizar Palabras Persuasivas:

1. Exclusividad:
La palabra "exclusivo" evoca un sentido de unicidad y privilegio. Utilizarla crea la idea de que la oferta está reservada para un grupo selecto, haciendo sentir al cliente especial y parte de algo único.

Ejemplo: "Hemos preparado una oferta exclusiva solo para nuestros clientes más leales. ¿Quieres ser uno de los primeros en beneficiarte de esta oportunidad?"

2. Limitación:
La idea de limitación crea un sentido de urgencia y escasez, impulsando al cliente a actuar rápidamente para no perder la oportunidad. Palabras como "limitado" o "cantidad limitada" activan el deseo de adquirir algo precioso que pronto podría no estar disponible.

Ejemplo: "Estamos ofreciendo un descuento especial en este producto, pero la oferta es limitada. Solo para los primeros 50 compradores. ¡No pierdas esta oportunidad!"

3. Beneficio Inmediato:
Subrayar los beneficios inmediatos del producto o servicio captura la atención del cliente, ofreciendo un incentivo tangible para la compra. Palabras como "beneficio inmediato" comunican que el cliente no tendrá que esperar mucho para disfrutar de las ventajas de la oferta.

Ejemplo: "Este software no solo mejorará tu productividad, sino que comenzarás a notar los beneficios inmediatos desde el primer día. ¡No pierdas la oportunidad de transformar tu negocio hoy mismo!"

4. Experiencia Única:

La palabra "única" enfatiza la extraordinariedad de la oferta, aprovechando el deseo del cliente de experimentar algo especial e irrepetible.

Ejemplo: "Hemos creado una experiencia única que no encontrarás en otro lugar. Cada detalle ha sido cuidado para ofrecerte algo extraordinario. Te invitamos a ser parte de esta experiencia exclusiva."

5. Garantía de Satisfacción:

La seguridad es una parte esencial del proceso de decisión del cliente. Palabras como "garantía de satisfacción" crean confianza, asegurando al cliente que la compra es sin riesgo.

Ejemplo: "Ofrecemos una garantía de satisfacción total. Si no estás contento con tu compra dentro de los 30 días, te devolveremos el importe completo. Tu satisfacción es nuestra máxima prioridad."

Ejemplos Prácticos de Palabras Persuasivas:

1. Escena 1: Venta de Suscripciones Online:
"Esta es una oportunidad exclusiva para nuestros suscriptores premium. Tendrás acceso a contenido exclusivo, ofertas especiales y vistas previas de nuevos productos. ¡Conviértete en un miembro premium hoy mismo y vive una experiencia de compra completamente nueva!"

2. Escena 2: Venta de Productos de Belleza:
"Nuestro conjunto de productos de belleza está disponible en cantidad limitada. Solo los primeros 100 clientes tendrán la oportunidad de recibir un obsequio exclusivo con su compra. No pierdas esta ocasión de transformar tu rutina de belleza con productos de alta

calidad."

Conclusión:

Las palabras persuasivas son la clave para estimular la acción y crear un sentido de urgencia en los clientes. Cuando se utilizan con cuidado y autenticidad, estas palabras pueden transformar un mensaje de venta en una oportunidad irresistible. En la próxima página, exploraremos más estrategias para perfeccionar el arte de las palabras persuasivas y guiar a los clientes hacia decisiones de compra satisfactorias.

Capítulo 7 - Gestión de Objeciones, Navegando las Resistencias con Palabras de Confianza y Competencia

La gestión de objeciones es un arte crucial en las ventas. En el Capítulo 7 de nuestra guía, exploraremos la importancia de manejar las objeciones con habilidad y utilizando palabras que transmitan confianza y competencia. Evitaremos el uso de palabras defensivas y nos centraremos en frases tranquilizadoras como "entiendo tus preocupaciones" y "puedo asegurarte que", creando un vínculo emocional con el cliente.

La Importancia de la Gestión de Objeciones:

Las objeciones son inevitables en el proceso de venta. Pueden derivar de preocupaciones legítimas del cliente, malentendidos o resistencias emocionales. Como vendedor, tu habilidad para manejar estas objeciones puede marcar la diferencia entre una transacción exitosa y una perdida. La gestión de objeciones no solo se trata de resolver el problema, sino también de fortalecer la confianza del cliente en el proceso y en tu competencia.

Cuando un cliente expresa una objeción, es una señal de que está considerando la oferta pero tiene preocupaciones. Abordar estas objeciones con empatía y palabras que transmitan confianza puede convertir el obstáculo en una oportunidad para reforzar la relación y guiar al cliente hacia una decisión positiva.

Cómo Manejar las Objeciones con Palabras de Confianza y Competencia:

1. Entender las Preocupaciones del Cliente:
Antes de responder, es esencial entender completamente las preocupaciones del cliente. Haz preguntas para obtener más detalles y muestra que estás escuchando atentamente.

Ejemplo: "Entiendo que tienes preocupaciones sobre el costo del producto. ¿Puedo preguntarte qué aspectos específicos están contribuyendo a tus preocupaciones?"

2. Evitar Palabras Defensivas:
Evita palabras o frases que suenen defensivas o minimicen las preocupaciones del cliente. El objetivo es crear un diálogo abierto y respetuoso.

Ejemplo: Evita - "No entiendo por qué piensas que el precio es alto."
En su lugar, usa - "Entiendo cómo el precio puede ser una consideración importante. Quiero asegurarte que estamos tratando de ofrecer el mejor valor posible."

3. Reasegurar con Competencia:
Demuestra al cliente que tienes un conocimiento profundo del producto o servicio y de sus características. Utiliza palabras que transmitan competencia y seguridad.

Ejemplo: "Entiendo que tienes preocupaciones sobre la durabilidad del producto. Puedo asegurarte que hemos realizado rigurosas pruebas de calidad y nuestro producto está diseñado para resistir un uso intensivo a lo largo del tiempo."

4. Ofrecer Soluciones y Alternativas:

Proporciona soluciones concretas que puedan mitigar las preocupaciones del cliente. Esto demuestra que estás proactivo en buscar una resolución.

Ejemplo: "Si tu principal preocupación es la duración de la batería, también tenemos una versión del producto con una batería mejorada que puede durar hasta un 30% más que el modelo estándar."

5. Enfatizar los Beneficios:

Reitera los beneficios clave del producto o servicio, mostrando cómo superan las preocupaciones del cliente. Destaca cómo el valor ofrecido supera los posibles desafíos.

Ejemplo: "Entiendo que podrías estar preocupado por la complejidad del uso de nuestro software. Sin embargo, muchos de nuestros clientes han encontrado que nuestra interfaz intuitiva y el soporte completo hacen que el uso del software sea muy sencillo, asegurando una rápida curva de aprendizaje."

Ejemplos Prácticos de Gestión de Objeciones con Palabras de Confianza y Competencia:

1. Escena 1: Venta de Electrodomésticos:

Cliente: "Estoy preocupado por la durabilidad de los componentes internos de este electrodoméstico."

Vendedor: "Entiendo tus preocupaciones sobre la durabilidad. Quiero asegurarte que este modelo ha sido diseñado con componentes de alta calidad y tenemos una garantía extendida disponible que puede ofrecerte mayor tranquilidad."

2. Escena 2: Venta de Servicios Financieros:

Cliente: "Temo comprometerme con un plan financiero a largo plazo."

Vendedor: "Entiendo que tomar decisiones financieras a largo plazo puede parecer un compromiso importante.

Quiero compartir contigo los detalles de nuestro plan, destacando cómo podemos adaptarnos a tus necesidades cambiantes a lo largo del tiempo."

Conclusión:

La gestión de objeciones requiere un delicado equilibrio entre empatía, competencia y solución práctica. Utilizar palabras que transmitan confianza y competencia crea un ambiente donde el cliente se siente comprendido y apoyado. En la próxima página, exploraremos más estrategias para perfeccionar tus habilidades en la gestión de objeciones y convertir las resistencias en oportunidades.

Capítulo 8 - Hablar de Manera Clara y Fluida: La Clave del Éxito en la Comunicación

En el Capítulo 8 nos sumergiremos en el aspecto fundamental de la comunicación: la forma en que hablamos. La habilidad de hablar de manera clara y fluida, utilizando el tono de voz adecuado. En esta sección, exploraremos la importancia de este aspecto y proporcionaremos métodos para mejorar tus habilidades comunicativas.

La Importancia de Hablar de Manera Clara y Fluida:

La comunicación es el flujo vital de las ventas. Cuando te enfrentas a un cliente o estás realizando una presentación, la forma en que hablas influye significativamente en la percepción del cliente y en tu capacidad para transmitir información de manera efectiva. Por eso, hablar de manera clara y fluida es de fundamental importancia.

1. Comunicación Efectiva: Hablar de manera clara y fluida asegura que tu mensaje sea comprendido sin ambigüedades. Los clientes deben tener una comprensión clara de los beneficios de tus productos o servicios y de las soluciones que ofreces para satisfacer sus necesidades.

2. Credibilidad y Confianza: Una forma de hablar confusa o poco clara puede erosionar la confianza del cliente en tu competencia. Por el contrario, un discurso claro demuestra profesionalismo y confianza.

3. Involucramiento del Cliente: Una comunicación fluida es cautivadora. Te permite captar la atención del cliente y mantenerla durante toda la conversación. Un cliente involucrado es más propenso a hacer preguntas, escuchar tus propuestas y, al final, tomar decisiones de compra.

4. Creación de Conexiones: La forma en que hablas puede afectar la conexión emocional con el cliente. Un tono de voz cálido, amigable y comprensivo puede ayudar a construir una relación más fuerte y duradera.

Métodos para Mejorar la Claridad y la Fluidez del Discurso:

1. Práctica Constante: Como cualquier habilidad, la práctica es fundamental. Busca oportunidades para practicar hablar de manera clara y fluida. Puedes hacerlo incluso solo, leyendo en voz alta, o involucrando a un amigo o colega en tus ejercicios.

2. Haz Pausas y Respira: Un discurso demasiado rápido puede ser difícil de seguir. Aprende a hacer pausas y a respirar de manera regular durante la conversación. Esto te ayudará a ralentizar y a comunicar con mayor claridad.

3. Evita Palabras Demasiado Técnicas: Si estás vendiendo un producto o servicio que podría tener términos técnicos, asegúrate de explicarlos claramente al cliente. Evita el uso excesivo de términos técnicos sin explicación.

4. Usa un Tono de Voz Adecuado: Adapta tu tono de voz al contexto y al cliente. Por ejemplo, cuando estás intentando crear una relación, usa un tono cálido y amigable. Cuando estás proporcionando información técnica, usa un tono más profesional y seguro.

5. Evita Rellenos e Interrupciones: El uso excesivo de palabras como "ehm", "o sea", o pausas largas puede interrumpir el flujo de la comunicación. Trata de minimizar estos rellenos y trabaja en la fluidez de tu discurso.

6. Escúchate a Ti Mismo: Grábate mientras hablas y escucha las grabaciones. Esto te ayudará a identificar áreas de mejora, como la pronunciación o la claridad.

7. Sé Consciente de Tu Audiencia: Adapta tu discurso a tu audiencia. Considera el nivel de conocimiento e interés del cliente y modifica tu lenguaje en consecuencia.

8. Practica la Comunicación No Verbal: Además de las palabras, la comunicación no verbal es fundamental. Mantén un lenguaje corporal abierto y seguro, mantén contacto visual y usa gestos apropiados para enfatizar puntos clave.

Ejemplos Prácticos:

1. Presentación de un Producto Técnico: Si estás presentando un producto técnico a un cliente, trata de explicar los conceptos clave de manera clara y utilizando ejemplos concretos. Por ejemplo, en lugar de decir "Este dispositivo tiene una CPU de doble núcleo," puedes decir "Este dispositivo tiene un procesador potente que te permite ejecutar múltiples aplicaciones de manera suave y rápida, sin interrupciones."

2. Crear Conexión con un Nuevo Cliente: Cuando te presentas a un nuevo cliente, trata de usar un tono cordial y amigable. Puedes decir, "Estoy emocionado de ayudarte a encontrar la mejor solución para tus necesidades. Entiendo lo importante que es tomar decisiones informadas."

Conclusión:

Hablar de manera clara y fluida, utilizando el tono de voz adecuado, es una habilidad esencial para el éxito en las ventas. No solo mejora tu capacidad para comunicarte efectivamente con los clientes, sino que también contribuye a construir confianza, involucramiento y conexiones emocionales. Utilizando los métodos y ejemplos prácticos proporcionados en este capítulo, puedes mejorar tus habilidades comunicativas y convertirte en un vendedor más efectivo. Recuerda que la práctica constante es la clave del éxito, así que continúa practicando y perfeccionando tu forma de hablar.

Capítulo 9 - Lenguaje Corporal del Vendedor

La Comunicación No Verbal que Marca la Diferencia

La comunicación no verbal, en particular el lenguaje corporal del vendedor, juega un papel principal en establecer relaciones con los clientes, influir en las percepciones y guiar el éxito de las negociaciones. En el Capítulo 9 de esta guía, exploraremos la importancia del lenguaje corporal del vendedor, proporcionando métodos para mejorar tu postura y tu comunicación no verbal.

La Importancia del Lenguaje Corporal del Vendedor:

El lenguaje corporal es una forma de comunicación que a menudo transmite más información de lo que somos conscientes. Su importancia en las ventas reside en que puede reforzar o socavar el mensaje verbal que estás tratando de transmitir. Por eso es fundamental comprender y controlar tu lenguaje corporal:

1. Creación de Confianza: Un lenguaje corporal seguro y abierto contribuye a crear confianza con el cliente. Una postura erguida y el mantenimiento del contacto visual transmiten seguridad y competencia.

2. Involucramiento del Cliente: El lenguaje corporal puede ser una herramienta poderosa para involucrar al cliente. Usar las manos de manera expresiva y utilizar gestos para enfatizar los puntos clave puede mantener la atención y hacer la conversación más atractiva.

3. Comunicación de Interés: Tu lenguaje corporal puede comunicar tu interés genuino por el cliente y sus necesidades. Una sonrisa sincera, inclinar el cuerpo hacia el cliente y la escucha activa pueden hacer que el cliente se sienta importante y escuchado.

4. Gestión de Objeciones: Tu lenguaje corporal puede ayudarte en la gestión de objeciones. Una postura abierta y tranquilizadora puede mitigar las preocupaciones del cliente, mientras que una comunicación no verbal defensiva puede empeorar la situación.

Métodos para Mejorar el Lenguaje Corporal:

1. Mantén una Postura Erguida: Párate o siéntate con la espalda recta. Una postura erguida comunica confianza y profesionalismo. Evita cruzar los brazos o adoptar posturas cerradas que pueden parecer defensivas.

2. Mantén Contacto Visual: El contacto visual es esencial para comunicar confianza e interés. Mira al cliente a los ojos durante la conversación, sin fijar la mirada de manera intensa o intimidante.

3. Gestiona los Gestos: Utiliza gestos de manera efectiva para enfatizar tus puntos clave. Sin embargo, evita el uso excesivo de gestos que puedan distraer o parecer nerviosos.

4. Sé Consciente de tu Expresión Facial: Una sonrisa sincera es una de las maneras más efectivas de crear una conexión positiva con el cliente. Mantén una expresión abierta y amigable durante la conversación.

5. Escucha Activamente: Demuestra tu interés a través de tu expresión facial y tu lenguaje corporal. Inclina ligeramente el cuerpo hacia el cliente para mostrar atención.

6. Evita Distraerte: Evita comportamientos que distraigan, como revisar el teléfono o mirar hacia otro lado mientras interactúas con el cliente. Esto puede hacer que el cliente perciba que no estás comprometido en la conversación.

Conclusión:

El lenguaje corporal del vendedor es un componente esencial en la comunicación y en el arte de la venta. Tu postura, tus gestos y tu expresión facial pueden marcar la diferencia en crear confianza, involucrar al cliente y manejar eficazmente las objeciones. Con práctica constante y mayor conciencia de tu lenguaje corporal, puedes mejorar notablemente tus habilidades de comunicación no verbal y aumentar tus probabilidades de éxito en las ventas. Nunca subestimes el poder de tu lenguaje corporal en moldear percepciones y relaciones positivas con los clientes.

Capítulo 10 - Puntualidad y Confiabilidad: La Base de la Credibilidad y la Confianza

Exploramos las dos cualidades esenciales para todo vendedor exitoso: la puntualidad y la confiabilidad. Estos pilares son fundamentales para construir y mantener relaciones positivas con los clientes, crear confianza y asegurar el éxito a largo plazo.

La Importancia de la Puntualidad:

El cliente invierte su tiempo para reunirse contigo en la tienda o en la oficina. Le molestaría encontrar una puerta cerrada durante tus horas de apertura.

1. Respeto por el Tiempo del Cliente: La puntualidad demuestra que respetas el tiempo del cliente. Si has fijado una cita o un encuentro, el cliente espera que estés presente y preparado a la hora acordada.

2. Creación de una Buena Impresión: Ser puntual crea una primera impresión positiva. Demuestra que eres organizado, confiable y respetuoso con las expectativas del cliente.

3. Eficiencia en el Trabajo: Ser puntual también ayuda en la gestión de tu tiempo. Si sigues un horario preciso, tendrás más tiempo para dedicarte a los clientes y a las negociaciones.

Ejemplo de Puntualidad:

Imagina tener una cita con un cliente a las 10:00 de la mañana. Llegas unos minutos antes para asegurarte de estar listo. Cuando el cliente llega exactamente a la hora acordada, te encuentra ya disponible y listo para recibirlo. Esta puntualidad crea una buena impresión y abre la puerta a una comunicación efectiva desde el principio.

La Importancia de la Confiabilidad:

La confiabilidad es otro pilar crucial en las ventas. Se trata de mantener las promesas hechas a los clientes y respetar los términos acordados. Por eso la confiabilidad es tan importante:

1. Construcción de la Confianza: La confiabilidad es fundamental para construir la confianza. Los clientes deben saber que pueden contar contigo para proporcionar lo que has prometido, en el momento prometido.

2. Cliente Satisfecho: Cuando eres confiable, el cliente es más propenso a estar satisfecho con tus servicios o productos. Tu capacidad para mantener las promesas contribuye a asegurar una transacción positiva.

3. Respeto por el Cliente: Mostrar confiabilidad es una señal de respeto hacia el cliente. Significa que valoras su confianza y que tienes la integridad para cumplir tus compromisos.

Ejemplo de Confiabilidad:

Imagina haber prometido a un cliente que entregarás su pedido en una semana. Si mantienes esta promesa y entregas el producto en el día acordado, el cliente se sentirá respetado y satisfecho. Esta confiabilidad contribuirá a construir una relación de confianza y podría llevar a más oportunidades de venta.

La Combinación Ganadora: Puntualidad y Confiabilidad

La combinación de puntualidad y confiabilidad es lo que distingue a los vendedores exitosos. Estas cualidades muestran que eres un profesional orientado al cliente, que respeta el tiempo de los demás y que cumple sus compromisos. Aquí hay algunas pautas para mantener y mejorar tu puntualidad y confiabilidad:

1. Planificación: Organiza tu día de manera eficiente, teniendo en cuenta las citas y compromisos con los clientes.

2. Comunicación Clara: Si te encuentras con un imprevisto o un retraso, comunícalo de manera oportuna al cliente y propón soluciones alternativas.

3. Actuar con Integridad: Sé una persona de palabra. Cumple las promesas hechas a los clientes y mantén los acuerdos.

4. Crecimiento Personal: Continúa mejorando tus habilidades de gestión del tiempo y planificación para ser cada vez más confiable.

Conclusión:

La puntualidad y la confiabilidad son fundamentales para el éxito a largo plazo en el campo de las ventas. Estas cualidades contribuyen a crear una buena impresión, construir confianza y asegurar que los clientes estén satisfechos con sus experiencias. Recuerda siempre que el respeto por el tiempo y la integridad en las promesas son la base sobre la cual se construye cada relación exitosa con los clientes.

Capítulo 11 - Personaliza el Producto o Servicio: El Arte de Crear Experiencias Únicas

Descubramos juntos la importancia de la personalización de productos y servicios en el ámbito de las ventas. La personalización es una estrategia ganadora que permite satisfacer las necesidades específicas de los clientes y crear experiencias memorables. Examinaremos ejemplos de cómo personalizar tanto productos como servicios para lograr el máximo impacto.

La Importancia de la Personalización:

La personalización es el secreto para crear una conexión auténtica con los clientes. No importa si estás vendiendo productos o servicios, la capacidad de adaptar lo que ofreces a las necesidades y deseos individuales de los clientes puede marcar la diferencia entre una transacción y una relación a largo plazo. Por eso la personalización es esencial:

1. Satisfacer las Necesidades del Cliente: Cada cliente es único y tiene diferentes necesidades. Personalizar el producto o el servicio permite satisfacer exactamente lo que el cliente busca.

2. Crear Experiencias Memorables: La personalización crea experiencias inolvidables. Cuando un cliente recibe un producto o un servicio que ha sido diseñado especialmente para él, se siente especial y valorado.

3. Diferenciarse de la Competencia: La personalización ayuda a diferenciarte de la competencia. Si puedes ofrecer algo único y a medida, los clientes serán más propensos a elegirte en lugar de a tus competidores.

Ejemplos de Personalización del Producto:

1. Crear un Logotipo Personalizado: Si estás vendiendo un producto que ya está en circulación, puedes distinguirte personalizando el producto con un logotipo o una imagen única. Por ejemplo, si vendes ropa, puedes crear un logotipo personalizado para imprimir en cada prenda.

2. Caja Personalizada: El empaquetado del producto puede marcar la diferencia. Personaliza la caja con el nombre del cliente o con un mensaje especial. Esta atención al detalle hace que el cliente se sienta especial desde la apertura de la caja.

3. Guía de Uso Personalizada: Si tu producto requiere instrucciones, crea una guía de uso personalizada con el nombre del cliente y sugerencias sobre cómo aprovechar al máximo el producto.

4. Imágenes del Producto en Uso: Si es posible, muestra imágenes del producto siendo utilizado por clientes satisfechos. Esto ayudará al cliente a imaginarse usando el producto y a comprender sus beneficios.

Ejemplos de Personalización del Servicio:

1. Ofrecer una Bienvenida Especial: Cuando el cliente entra en tu oficina o tienda, asegúrate de recibirlo de manera especial. Ofrece un café o una bebida, haz que el cliente se siente y haz que el ambiente sea acogedor.

2. Tarjetas de Visita Únicas: Las tarjetas de visita son una forma efectiva de dejar una impresión duradera. Utiliza tarjetas de visita en materiales únicos como plástico o metal. Estas tarjetas se destacan de las demás y serán más probablemente guardadas y mostradas a amigos y familiares por parte del cliente.

Conclusión:

La personalización es una clave para el éxito en las ventas. Cuando personalizas tus productos o servicios, demuestras al cliente que realmente te interesa satisfacer sus necesidades y que estás dispuesto a hacer un esfuerzo extra para lograrlo. Esta atención al detalle puede crear relaciones de confianza y fidelización de clientes, llevando a una clientela leal y a un éxito continuado en el mundo de las ventas. Son los detalles los que marcan la diferencia.

Capítulo 12 - La Importancia de Evitar Bromas Inapropiadas en las Ventas

Abordamos juntos el tema de las bromas inapropiadas, en particular las bromas de índole sexual y aquellas que podrían afectar al cliente de manera personal. Este capítulo destaca cómo una cuidadosa gestión de las palabras y el comportamiento es fundamental para construir relaciones positivas y mantener un ambiente respetuoso en las ventas.

Por Qué Evitar Bromas Inapropiadas es Muy Importante:

1. Creación de un Ambiente Respetuoso: En cualquier contexto profesional, es esencial mantener un ambiente de trabajo respetuoso. Las bromas inapropiadas pueden crear tensiones y comportamientos inapropiados, dificultando la creación de relaciones de confianza.

2. Riesgo de Ofender al Cliente: Las bromas de índole sexual u ofensivas pueden ofender fácilmente al cliente. Ofrecer una experiencia de venta positiva significa evitar comentarios o comportamientos que puedan hacer sentir incómodo o menospreciado al cliente.

3. Preservar Tu Reputación: Como vendedor, tu reputación es uno de tus activos más valiosos. Las bromas inapropiadas pueden dañar gravemente tu imagen y comprometer tu credibilidad.

Ejemplos de Bromas Inapropiadas a Evitar:

1. Bromas de Índole Sexual: Evita cualquier comentario de índole sexual, incluidas bromas o insinuaciones. Aunque creas que puede ser aceptado como una broma, es mejor no correr riesgos.

2. Bromas Sobre Clientes: Evita hacer bromas que involucren a otros clientes, como comentarios sobre su apariencia física, su edad o su etnia. Este tipo de bromas pueden ser extremadamente ofensivas y el cliente pensará que harás lo mismo en su ausencia.

3. Bromas Políticas o Religiosas: Evita entrar en discusiones políticas o religiosas con el cliente. Las opiniones políticas y religiosas a menudo son personales y pueden derivar fácilmente en polémicas.

4. Bromas Sobre la Situación Personal del Cliente: Evita hacer comentarios o bromas sobre la situación personal del cliente, como su estado civil, su situación financiera o su familia.

Cómo Mantener un Tono Profesional:

1. Enfócate en el Cliente: Pon siempre al cliente en el centro de tu atención. Escucha sus necesidades, respeta su privacidad y haz preguntas apropiadas para entender mejor su situación.

2. Sé Consciente de las Diferencias Culturales: Las bromas inapropiadas pueden variar de una cultura a otra. Cuando trabajes con clientes de diferentes culturas, trata de ser sensible a sus sensibilidades y costumbres.

3. Planifica Tu Comunicación: Antes de reunirte con un cliente, planifica tu comunicación para que sea profesional y respetuosa. Evita improvisar comentarios que puedan resultar inapropiados.

4. Mantén un Tono de Voz Adecuado: El tono de voz y el lenguaje corporal pueden transmitir tu respeto y profesionalidad. Mantén un tono de voz tranquilo y profesional durante la interacción con el cliente.

Conclusión:

En conclusión, evitar bromas inapropiadas es fundamental para mantener un ambiente profesional y respetuoso en las ventas. Las bromas de índole sexual u ofensivas pueden dañar fácilmente tu reputación y perjudicar las relaciones con los clientes. Manteniendo un enfoque respetuoso y atento en la comunicación, puedes contribuir a construir relaciones sólidas y duraderas con tu clientela.

Capítulo 13 - Aspecto Cuidado, Vestimenta Adecuada y Accesorios:

Tu Presentación Personal

Un aspecto cuidado, una vestimenta adecuada y accesorios en tu presentación personal hacen una gran diferencia en una conversación. Tu imagen personal es un componente fundamental del éxito en las ventas, ya que crea una primera impresión duradera y comunica profesionalismo. Examinaremos ejemplos de cómo puedes cuidar tu aspecto físico y elegir ropa y accesorios apropiados para impresionar a tus clientes.

La Importancia del Aspecto Cuidado:

El cuidado de tu aspecto físico es el punto de partida para una presentación personal efectiva. Un aspecto cuidado transmite atención al detalle y refleja tu compromiso con una presentación profesional. Por eso el aspecto cuidado es importante:

1. Primera Impresión: La primera impresión cuenta mucho en las ventas. Cuando te presentas con un aspecto cuidado, creas una impresión positiva desde el inicio.

2. Confianza: Cuando cuidas tu aspecto físico, transmites confianza. Esto es particularmente importante porque los clientes son más propensos a confiar en alguien que aparenta ser confiado y competente.

3. Profesionalismo: Tu imagen personal comunica tu nivel de profesionalismo. Un aspecto cuidado es una señal de respeto hacia el cliente y hacia ti mismo.

Ejemplos de Cuidado del Aspecto:

1. Corte de Cabello y Barba: Mantén un corte de cabello limpio y arreglado. Si tienes barba, asegúrate de que esté bien cuidada y ordenada. Visita regularmente a un peluquero o barbero.

2. Higiene Personal: La higiene personal es fundamental. Asegúrate de bañarte regularmente, mantener una buena higiene dental y usar perfumes de manera moderada.

La Importancia de la Vestimenta Adecuada:

La vestimenta es un aspecto crucial de tu presentación personal. La ropa adecuada comunica tu respeto por el cliente y el contexto profesional en el que te encuentras. Por eso la vestimenta adecuada es importante:

1. Representa a Tu Empresa: La vestimenta adecuada también representa a la empresa para la que trabajas. Es importante respetar el código de vestimenta de la empresa y transmitir una imagen cohesiva.

2. Comodidad y Adecuación: La vestimenta adecuada debe ser cómoda y adecuada para la ocasión. Asegúrate de que tu ropa te haga sentir seguro y cómodo.

Ejemplos de Vestimenta Adecuada:

1. Ropa Profesional: Si trabajas en un entorno formal, como una empresa financiera, una vestimenta profesional como un traje es esencial. Para sectores menos formales, como marketing o tecnología, una vestimenta de negocios casual puede ser más adecuada.

2. Ropa Limpia y Planchada: Asegúrate de que tu ropa esté siempre limpia y planchada. Una prenda arrugada o sucia puede transmitir una imagen de descuido.

La Importancia de los Accesorios:

Los accesorios pueden marcar la diferencia en tu presentación personal. Un accesorio bien elegido puede añadir un toque de personalidad y estilo a tu vestimenta. Por eso los accesorios son importantes:

1. Personalidad y Estilo: Accesorios como el reloj, la corbata, el bolso o los zapatos pueden reflejar tu personalidad y estilo. Elige accesorios que te hagan sentir seguro y cómodo.

2. Elegancia y Profesionalismo: Los accesorios también pueden contribuir a mejorar tu elegancia y profesionalismo. Un reloj de calidad, por ejemplo, puede transmitir un sentido de clase y atención al detalle.

Conclusión:

En conclusión, el aspecto cuidado, la vestimenta adecuada y los accesorios son elementos fundamentales de tu presentación personal en las ventas. Estos detalles comunican profesionalismo, respeto por el cliente y atención al detalle. Cuida tu imagen personal y asegúrate de estar siempre bien preparado cuando te encuentres con clientes.

Conclusión

Llegamos al final de este viaje. Me dirijo a ti, querido lector, con gratitud por haber dedicado tu tiempo y atención a estas páginas. Espero que hayas encontrado en este libro información valiosa, consejos prácticos e inspiración para mejorar tus habilidades de venta.

Recuerda que la venta es mucho más que una transacción comercial; es la construcción de relaciones duraderas y la creación de experiencias significativas para los clientes. Ya seas un vendedor experimentado o estés comenzando tu camino, siempre hay espacio para la mejora y el aprendizaje continuo.

Sinceramente espero que puedas poner en práctica lo que has aprendido en estas páginas y alcanzar el éxito que mereces en el mundo de las ventas. Nunca olvides la importancia de la confianza, la profesionalidad y la empatía en la construcción de relaciones exitosas con tus clientes.

Gracias nuevamente por elegir leer este libro. Te deseo todo el éxito en tu carrera de vendedor y espero sinceramente poder encontrarte de nuevo en el futuro, en los próximos libros.

¡Buena continuación y hasta pronto!

www.ingramcontent.com/pod-product-compliance
Lightning Source LLC
Chambersburg PA
CBHW071413200326
41520CB00014B/3415